致 谢

　　本报告的顺利发布得到商务部相关司局和江苏省太仓市高新技术产业开发区的鼎力支持。在报告撰写过程中，商务部欧洲司、外资司，以及北京、沈阳、青岛、太仓、佛山、嘉兴等地的中德产业园，南京财经大学均给予了大力协助，提供了宝贵支持，在此深表感谢！

商务部国际贸易经济合作研究院国家高端智库发展报告

20**24**

中德(太仓)产业合作影响力

Influence of China (Taicang)-Germany Industrial Cooperation

姚 铃 夏传信 等著

中国商务出版社
·北京·

图书在版编目（CIP）数据

2024 中德（太仓）产业合作影响力 = Influence of
China(Taicang)–Germany Industrial Cooperation / 姚
铃等著 . -- 北京：中国商务出版社 , 2024. 12.

ISBN 978–7–5103–5521–9

Ⅰ. F125.551.6

中国国家版本馆 CIP 数据核字第 2024S73922 号

2024 中德（太仓）产业合作影响力

姚　铃　夏传信　等著

出版发行：中国商务出版社有限公司

地　　址：北京市东城区安定门外大街东后巷 28 号　　**邮　　编**：100710

网　　址：http://www.cctpress.com

联系电话：010–64515150（发行部）　　　010–64212247（总编室）
　　　　　　010–64515210（事业部）　　　010–64248236（印制部）

责任编辑：刘玉洁

排　　版：北京嘉年华文图文制作有限责任公司

印　　刷：北京九州迅驰传媒文化有限公司

开　　本：889 毫米 ×1194 毫米　1/16

印　　张：5　　　　　　　　　　　　**字　　数**：93 千字

版　　次：2024 年 12 月第 1 版　　　**印　　次**：2024 年 12 月第 1 次印刷

书　　号：ISBN 978–7–5103–5521–9

定　　价：88.00 元

《中德(太仓)产业合作影响力》
撰写成员

姚 铃　夏传信

肖玉杰　康玉兰

范益安　龚伽萝

序

中德经贸合作是中国与欧盟经贸合作的领头羊。在中欧经贸合作中，中德经贸合作水平最高、规模最大、领域最广。德国是中国在欧盟的第一大货物贸易伙伴、第一大服务贸易伙伴、第一大利用外资来源地和第三大对外投资目的地。2024年，上述各项指标分别占中欧货物贸易总额的25.7%、服务贸易总额的28.4%、吸引欧盟外资存量的25.5%和对欧直接投资存量的16.9%。

作为最早开展对德合作的中国东部城市之一，江苏省太仓市三十年如一日坚持以"无事不扰，有呼必应"的精细化服务，培育对德合作生态，围绕集聚、开放和链式等产业发展规律开展对德合作，树立了中德产业合作的典范。从1993年第一家德资企业入驻太仓中德产业园，到2024年底入驻德资企业超过550家，三十年来太仓中德产业园不断培育集聚新的增长动力，连续跨越不同发展阶段；与此同时，越来越多的德资企业也因为太仓而选择中国。

当前，世界经济和全球贸易正遭受新一轮单边主义、保护主义的威胁，不确定性和不稳定性显著增加。2025年是中国和欧盟建立外交关系50周年，中国和欧盟均支持经济全球化和多边贸易体制。站在新的起点上，中德合作亟待挖掘新的动力，这不仅可以维护包括德国在内的中欧经济增长，也为世界经济增长提供支撑。作为中国东部沿海开放的前沿腹地，太仓正以包容、开放、全球的视野推动对德合作提质升级，我们相信，中德（太仓）产业合作必将创造下一个精彩的三十年。

作为商务部国际贸易经济合作研究院（简称"商务部研究院"）国家高端智库发展报告，《中德（太仓）产业合作影响力》是2023年7月商务部研究院欧洲研究所加挂"地方开放合作评估与促进中心"后的首份服务地方开放合作报告，旨在为新发展格局下我国地方深化对欧合作提供引导和借鉴。

报告主笔姚铃是商务部研究院欧洲研究所所长、三级研究员，商务部中欧经贸咨询委员会委员、国家社会科学基金项目评审专家。从事欧洲经贸研究近30年来，姚铃研究员凭借深厚的研究功底取得了丰硕的学术成果。近年来，姚铃研究员致力于我国地方开放合作的顶层设计研究，提出很多有价值的决策咨询建议，多篇研究成果得到党和国家领导人的肯定性批示。

希望报告可以为中德产业合作、中欧经贸合作略尽绵薄之力。

商务部国际贸易经济合作研究院

副院长（主持工作）

二零二四年岁末

前　言

自1975年以来，德国一直是中国在欧盟（洲）的第一大货物贸易伙伴，中国自2016年以来连续八年成为德国在全球的第一大货物贸易伙伴。1984年，德国大众汽车公司与上海市签署合营合同，拉开中德产业合作的序幕，为中德产业园合作奠定了基础。

党的二十届三中全会指出，开放是中国式现代化的鲜明标识。为总结中国地方对德产业园合作成果，并为各地推动中德产业园高质量发展提供指引，商务部国际贸易经济合作研究院联合业内专家学者，撰写了《中德（太仓）产业合作影响力》报告。报告分四部分，包括中德经贸合作、中德合作产业园、中德（太仓）产业合作、中德（太仓）产业合作展望。报告分别回顾了中国和德国的对外贸易与投资情况，以及中德双边经贸合作情况；梳理了中国国内中德产业园发展现状，提炼出包括太仓在内的六个具有代表性的中德产业园的发展特点；构建了中德（太仓）产业合作影响力评价指标体系；并对太仓中德产业合作的未来发展进行了展望。

报告指出，2023年中国与德国的货物贸易额分列全球第一位和第三位，服务贸易额分列全球第四位和第三位，数字贸易额分列全球第五位和第四位。2023年，中德双边贸易额为2067.8亿美元，占中欧贸易总额的26.4%。截至2023年底，中国国内已经或正在建设的中德产业园达到30个，几乎占中欧产业园合作的一半。1993年，第一家德国企业落地太仓，截至目前太仓中德产业园已吸引550余家德国中小企业入驻，成为德资企业集聚度最高的产业园。2016—2023年，太仓中德产业园的战略影响、创新影响、经济影响、环境影响和形象影响取得重大进展，尤其是创新影响表现突出，位列五大影响之首。

　　在过去三十年的骄人成绩基础上，未来五年，太仓可以围绕绿色发展和数字转型、贸易新业态发展、高水平双向投资、产业集聚和创新，推动建设中德（太仓）产业合作示范区，打造电动汽车零部件对欧贸易基地，构建中德合作要素跨境流动开放平台，加速中德合作提质升级，积极服务高质量发展和高水平开放，创造中德合作新辉煌！

作者

二零二四年岁末

目　录

表目录

图目录

01

中德经贸合作

第一节　从全球视野看中国和德国的贸易与投资

一、中国和德国在全球贸易中地位突出

中国和德国同为全球主要贸易大国，对外贸易依存度[①]均较高，其中德国的贸易依存度接近80%，而中国则为35%。纵向看，中国和德国的货物贸易额分列全球第一位与第三位，服务贸易额分列全球第四位和第三位，数字贸易额目前分列全球第五位和第四位；横向看，德国货物贸易规模约为中国的50%，两国的服务贸易规模大致相当，中国数字贸易规模相当于德国的4/5。

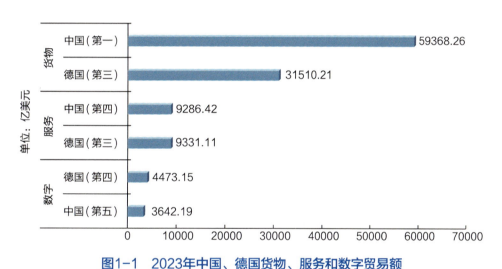

图1-1　2023年中国、德国货物、服务和数字贸易额

数据来源：世界贸易组织、联合国贸发会议。

注：数字贸易额为2022年数据。

中国和德国的货物贸易额分列全球第一位与第三位。2023年，中国和德国的对外货物贸易额分别为59368.26亿美元与31510.21亿美元（见图1-1），占全球的比重分别为12.4%和6.6%（见图1-2）。2019—2023年，中国货物贸易年均复合增速6.7%，高于全球货物贸易年均增速5.8%；同期德国货物贸易年均复合增速3.7%，低于全球货物贸易年均增速（见图1-3）。

德国和中国服务贸易额分列全球第三位与第四位。2023年，德国和中国服务贸易进出口额分别为9331.11亿美元与9286.42亿美元（见图1-1），占全球的比重均约为6.2%（见图1-2）。2019—2023年，德国服务贸易年均复合增速5.9%，高于全球服务贸易年均复合增速

——————————
① 货物贸易/国内生产总值。

5.3%；同期中国服务贸易年均复合增速4.5%，低于全球服务贸易年均增速（见图1-4）。

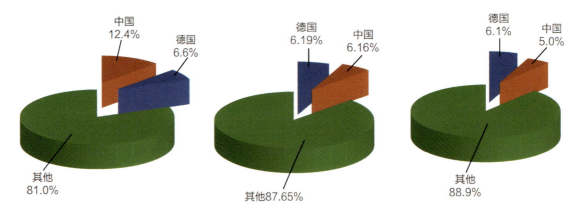

图1-2 2023年中国、德国货物、服务和数字贸易各自全球占比

数据来源：世界贸易组织、联合国贸发会议。

注：数字服务贸易占比为2022年。

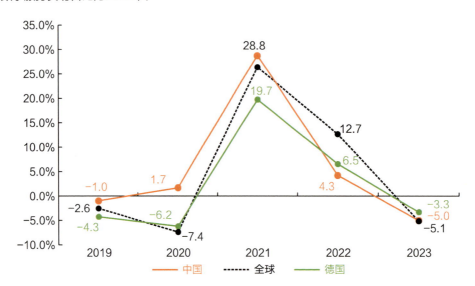

图1-3 2019—2023年全球、中国和德国货物贸易增速

数据来源：世界贸易组织。

德国和中国可数字化交付的服务贸易额[1]分列世界第四位与第五位。数字贸易是全球贸易的新业态，涉及以数字订购或者数字交付为主要方式的贸易形态。据世界贸易组织和联合国贸发会议数据[2]，2022年德国和中国可数字化交付的服务贸易进出口额[3]分别为4473.15亿

---

① 参见世界贸易组织的《全球贸易展望和统计》第15页定义。

② https://unctadstat.unctad.org/datacentre/dataviewer/US.DigitallyDeliverableServices

③ 可数字化交付的服务主要涉及六大类服务贸易，包括信息、计算机和电信服务（ICT），金融服务，保险服务，知识产权服务，部分商业、专业和技术服务，以及部分个人文化和娱乐服务。可参见测度手册表格4.1。

美元与3642.19亿美元（见图1-1），占全球的比重分别为6.1%和5.0%（见图1-2）。2019—2022年，中国可数字化交付的服务贸易年均复合增速11.0%，高于全球可数字化交付的服务贸易年均增速5.8%；同期德国可数字化交付的服务贸易年均复合增速4.5%，低于全球可数字化交付的服务贸易年均增速。2024年4月，世界贸易组织发布的《全球贸易展望和统计》报告显示，2023年，德国和中国可数字化交付的服务出口分别为2476亿美元与2070亿美元，同比分别增长3.9%和4.3%，低于9%的全球可数字化交付的服务出口（见图1-5）。2023年，德国和中国可数字化交付的服务出口额分居全球第五位与第六位，次于美国、英国、爱尔兰和印度。

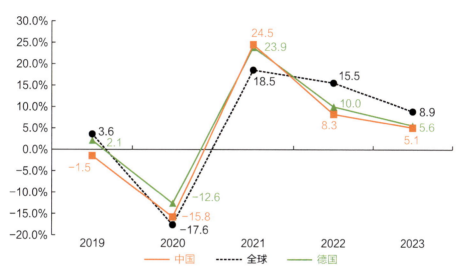

图1-4   2019—2023年全球、德国和中国服务贸易增速

数据来源：世界贸易组织。

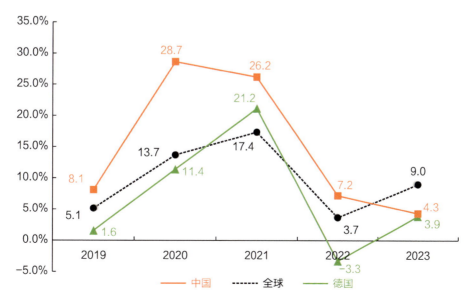

图1-5   2019—2023年全球、中国和德国数字贸易出口增速

数据来源：世界贸易组织、联合国贸发会议。

二、中国和德国是全球直接投资大国

全球主要对外投资经济体。中国和德国都是全球对外投资比较活跃的经济体。中国对外直接投资自2012年以来一直保持全球前三的水平，德国则长期居于欧盟对外直接投资首位。2019—2023年，中国对外直接投资额从1369亿美元增加至1479亿美元，增幅8%；同期德国对外直接投资额从1511亿美元下降至1013亿美元，降幅33%（见图1-6）。其间，受全球经济增长不确定性增多、发展碎片化等因素影响，中国和德国对外直接投资波动比较明显。2023年，中国和德国对外直接投资流量分别占全球对外直接投资流量的9.5%与6.5%[①]，分列全球第三位和第六位。

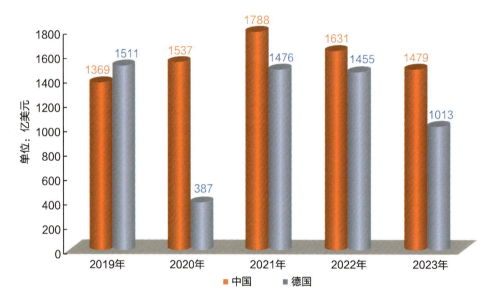

图1-6　2019—2023年中国、德国对外直接投资情况

数据来源：联合国贸发会议。

全球主要外商直接投资流入国。中国连续七年成为全球第二大外商直接投资流入地。2019—2023年，中国吸引外国直接投资额从1412亿美元增加至1633亿美元，增幅15.7%，占全球外资流入的比重从8.3%上升至12.3%。跨国公司围绕制造业、高技术产业（电子和通讯设备）重组全球供应链，带动外国直接投资流入中国；同期德国吸引外国直接投资额从527亿美元下降至367亿美元，降幅30.4%（见图1-7）。其中，2023年德国吸引外资在经历连续两年下跌后恢复增长，成为全球外资流入的第八大目的地。俄乌冲突造成的能源成本上升大幅降低了德国制造业对外资的吸引力，但德国在吸引绿地投资方面表现突

[①] https://unctad.org/publication/world-investment-report-2024

出，2022—2023年连续吸引984个和1036个绿地投资项目在德国落地，位于欧盟第一位、全球第五位，次于美国、阿联酋、英国和印度。

图1-7 2019—2023年中国、德国吸引全球外国直接投资情况

数据来源：联合国贸发会议。

第二节 中德双边贸易投资现状及趋势

一、彼此互为重要的货物贸易伙伴

德国自1975年以来一直是中国在欧盟最大的货物贸易伙伴[①]。受多重因素影响，2019—2023年，中德货物贸易进出口经历了起伏（见图1-8）。据中国海关统计，中德双边贸易进出口额从2019年的1848.8亿美元增长至2023年的2067.8亿美元，但2023年双边贸易额较2021年峰值水平下降11.5%，且连续两年下跌。双边货物贸易往来中，中国为逆差，但呈现收窄趋势，2023年减少至56.4亿美元。其间，中国与德国的货物贸易额占中国与欧盟货物贸易额的比重从2019年的29.9%下降至2023年的26.4%（见图1-9）。

据德国联邦统计局统计，2023年，中国连续八年成为德国最大的贸易伙伴。当年德国与中国的进出口额为2544.9亿欧元（2726.3亿美元），占德国对全球货物贸易总额的比重

――――――――――――
① 1975年起德国成为中国在欧洲最大的贸易伙伴。

为8.7%[①]，高于2019年（8.5%），但低于2022年的峰值（9.7%）。2023年，中国是德国最大的进口来源地，同时是德国第四大出口市场，占德国全球进口和出口总额的比重分别为11.5%与6.1%。

图1-8　2019—2023年中国与德国货物贸易变化

数据来源：中国海关统计。

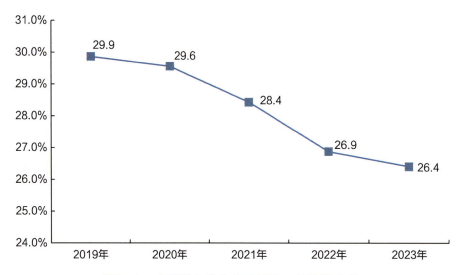

图1-9　中德进出口占中欧进出口的比重变化

数据来源：中国海关统计。

---

① 2023 年德国对外贸易总额 2.96 万亿欧元。2024 年 8 月 24 日网站 https://www.destatis.de/EN/Themes/Economy/Foreign-Trade/Tables/order-rank-germany-trading-partners.html

二、锂电池、汽车等是中德贸易的主要产品

（一）锂电池、电动车对德出口呈现快速发展

中国对德国出口的产品主要有五大类，从海关编码2位码看，分别是电气设备、机械器具、车辆及其零附件、家具，以及光学等精密仪器。据中国海关统计，2019—2023年，五大类产品合计占中国对德出口的比重从59.2%上升至66.4%。五大类产品中，电气设备出口竞争力的提升最为突出，在对德出口中的占比上升了10个百分点之多，从2019年的23.1%扩大至2023年的33.5%；其次是车辆及其零附件产品，出口占比上升了2个百分点，从3.5%扩大至5.6%（见图1-10）。上述五大类产品之外，中国对德国出口的其他产品分散于93个大类中。

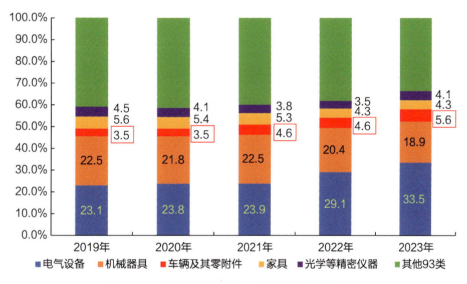

图1-10　中国对德国出口主要产品结构占比

数据来源：中国海关统计。

从细分看，锂电池、便携式自动数据处理器、电动车成为对德出口新的支柱产品。按照海关编码6位码，锂电池[①]已成为中国对德出口的第一大产品，2023年对德国出口额为93亿美元（占比9.3%），较2019年增长近7倍；便携式自动数据处理器（笔记本电脑）为对德出口的第二大产品，2023年出口额为61亿美元（占比6.1%）；静止式变流器（与锂电池的使

[①] 海关编码 850760。机电产品中，"新三样"产品（电动载人汽车、锂离子蓄电池和太阳能电池）合计出口1.06 万亿元，首次突破万亿元大关，增长了 29.9%。海关新闻发布会，2024 年 1 月 12 日 https://www.gov.cn/zhengce/202401/content_6925703.htm

用直接相关）为对德出口的第三大产品，2023年出口额为24亿美元（占比2.4%），较2019年增长超过2倍；电动车为对德出口的第四大产品，出口额从2019年的1000万美元快速上升至13亿美元（占比1.3%）。

（二）燃油车、药品等仍为中国自德国进口的重要产品

中国自德国进口的产品也主要有五大类，按照海关编码2位码，分别是车辆及其零附件、机械器具、电气设备、光学等精密仪器，以及药品。据中国海关统计，2019—2023年，上述五大类产品占中国从德国进口总额的比重基本维持不变，合计占比在74%的水平窄幅波动（见图1-11）。这五大类产品基本体现了德国对全球出口的传统优势。据德国联邦统计局统计，2023年德国对全球出口前五大类产品分别是车辆及其零附件，机械和设备，化工产品，计算机、电子和光学产品，药品。与对华出口前五大产品相比，除化工产品外，其他四类产品高度重叠。

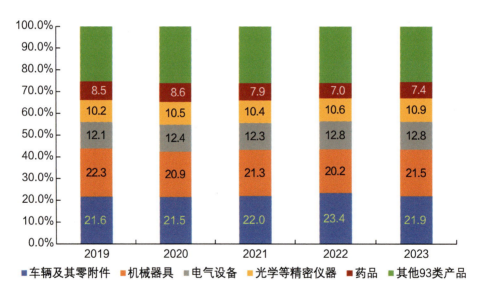

图1-11　中国自德国进口主要产品结构占比

数据来源：中国海关统计。

从细分看，按照海关编码6位码，燃油汽车仍然是中国自德国进口的第一大产品，2023年进口额为136亿美元，占比12.1%；第二大产品为药品，2023年进口额为48亿美元，占比3.9%；第三大产品为车用变速箱，2023年进口额为29亿美元，占比3.0%。上述三大产品中，2023年燃油汽车进口额较2022年的峰值下降9.6%，2023年车用变速箱进口额较2021年的峰值下降20.6%。

三、中德服务贸易发展潜力大

中国是德国在亚洲最大的服贸伙伴，而德国也是中国在欧盟最大的服贸伙伴。中德服务贸易往来中，德国处于顺差。据德意志联邦银行统计[①]，2019—2023年，德中服务贸易额从260.8亿欧元增长至302.8亿欧元，占德国对全球服务贸易额的比重微有下降，从3.9%下降至3.6%。其中，中国对德国服务出口从88.0亿欧元增长至118.7亿欧元，增幅为34.9%；自德国服务进口从172.8亿欧元增至184.2亿欧元，增幅为6.6%（见图1-12）。其间，新冠疫情导致2020年中德服务贸易进口和出口双双下跌，此后中国对德国服务贸易出口一直保持增长，而服务贸易进口则动力不足，2022年和2023年连续两年下跌。总体上看，中德服务贸易规模较小，过去五年与双边货物贸易规模之比平均为12%，而同期全球服务贸易占货物贸易规模之比为28.3%。旅行、运输和与公司相关的商业服务[②]为中国与德国开展服务贸易往来的主要类别。

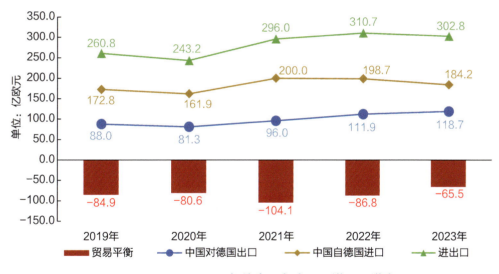

图1-12　2019—2023年德中服务出口、进口和进出口

资料来源：德意志联邦银行。

四、德国对华投资近70%流向制造业

德国对华投资居欧盟前列。根据商务部发布的《中国外资统计公报2023》，2019—

---

① https://www.bundesbank.de/dynamic/action/en/statistics/time-series-databases/time-series-databases/745582/

② 参见基尔世界经济研究所报告。

2022年，德国对华直接投资流量从16.6亿美元增长至25.7亿美元（见图1-13），年均复合增长15.7%，高于1972年中德建交以来德国对华直接投资长期增速，占欧盟对华直接投资流量的比重从22.7%上升为25.6%[①]，在欧盟国家中仅次于荷兰。截至2022年底，德国累计对华直接投资额406.5亿美元，占欧盟累计对华投资额的30.5%[②]，居欧盟（洲）国家对华直接投资第一，是中国第九大外资来源地[③]，累计在华设立企业12258家。

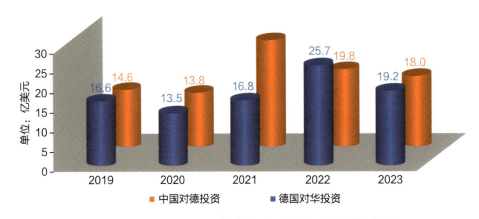

图1-13　2019—2023年中国和德国相互直接投资流量

数据来源：国家统计局，《中国外资统计公报2023》。

注：2023年中德双向投资流量为初步数据。

德国对华投资主要投向制造业。根据德意志联邦银行公布的数据[④]，截至2021年底，制造业是德国对华投资第一大行业，占同期德国对华投资总额的67.0%，远超位列第二的服务业[⑤]（13.9%）。从具体行业看，德国对华制造业投资中超四成（41.2%）投向汽车，第二为化工（14.5%），机械和设备位列第三（11.4%），电气设备位列第四（9.6%）（见图1-14）。而对华服务业投资中，92.3%投向了金融和保险[⑥]。

---

① 2022 年，欧盟对华新增投资 100.3 亿美元，同比增长 96.6%；中国对欧盟新增投资 69.9 亿美元，同比增长 23.7%。外交部网站，https://www.fmprc.gov.cn/web/gjhdq_676201/gjhdqzz_681964/1206_679930/sbgx_679934/

② 不含脱欧前的英国对华投资，欧盟对华投资数据截至 2022 年为 1333.7 亿美元。包含英国的欧盟对华投资，截至 2022 年为 1572 亿美元。

③ 排名前八位的外资来源地分别为：中国香港（15703.1 亿美元），英属维尔京群岛（1867 亿美元），新加坡（1314.4 亿美元），日本（1275.9 亿美元），韩国（968.3 亿美元），美国（948.7 亿美元），中国台湾（720 亿美元），开曼群岛（517.8 亿美元）。《中国外资统计公报 2023》，P35-42。

④ 2023 年 4 月公布。

⑤ 不包括：电力、燃气、蒸汽和空调供应；批发和零售贸易，汽车、摩托车修理行业。

⑥ Deutsche Bundesbank Direct Investment Statistics，P83-84，2023 年 4 月。

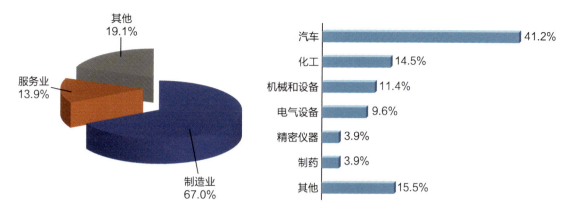

图1-14　德国对华直接投资的行业分布

数据来源：德意志联邦银行。

金融与保险企业对华投资活跃，占比上升。据德意志联邦银行统计，2018—2021年，德国制造企业对华投资增长8.0%，在德国对华投资中的占比逐渐减少，从64.5%下降至59.9%；而同期，德国金融与保险企业对华投资增长了36.4%，在对华投资中的占比从22.5%上升至26.4%[①]（见图1-15）。

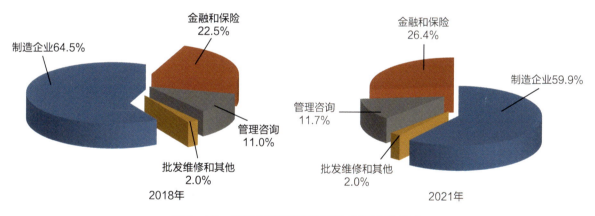

图1-15　德国对华直接投资按来源企业分布

数据来源：德意志联邦银行。

五、德企对华投资"本土化"趋势增强

受新冠疫情和乌克兰危机双重影响，2021年以来德国企业对华投资"本土化"趋势增强，这种"本土化"战略具体体现在扩大本土生产、加强本土研发、增加本土采购等。以宝马、奔驰、大众为代表的德国车企2022年以来分别完成新一轮对华投资，宝马宣布增资华晨

[①] Deutsche Bundesbank Direct Investment Statistics，P76。

宝马的股份至75%[①]，在沈阳投资建设德国之外的第一家动力电池中心；奔驰连续在北京和上海设立研发中心；大众在合肥投资设立德国总部之外最大的研发中心，致力纯电动智能网联汽车研发、创新和部件采购，等等。

2024年1月，中国德国商会发布《商业信心调查2023/24》报告[②]称，调查结果显示：满足"中国伙伴/合作方更多本土化"需求成为德企在华投资的第二大动机，其中对本土研发、本土生产的关注呈现上升趋势。本土研发方面，为应对不断加剧的地缘政治风险以及来自美欧政府的对华经济、技术脱钩压力，2023年34%的受访德企采取"增加公司在中国本土的研发"，而2022年这一比例为30%[③]。本地生产和采购方面，扩大本地生产是在华德企2023年第二大重点业务活动（63%），比2022年提高了13个百分点[④]；而德企在华本土化采购的占比从2022年的18%扩大至2023年的20%。此外，德企将中国作为其面向全球出口生产基地的比例也在上升。2023年，33%的德企在华生产仅面向中国市场，与2022年持平，而同时面向中国和其他市场的德企中（67%），有15%完全面向其他市场[⑤]，较2022年上升4个百分点（11%）。

六、中国对德投资集中在制造和金融两大行业

据《2022年度中国对外直接投资统计公报》数据，2019—2022年，中国对德国直接投资流量从14.6亿美元增至19.8亿美元（见图1-13），占中国对欧盟投资的比重从13.7%上升至28.7%。其间，德国一直是中国在欧盟的前三大投资目的地之一。截至2022年底，中国在德国投资存量185.5亿美元，占中国对欧盟投资存量的18.3%（见图1-16）[⑥]。存量排名中，德国居中国对欧盟投资第四位，次于荷兰、卢森堡和瑞典[⑦]。从相互投资的存量金额看，中国对德国投资仅为德国对华投资的45.6%（见图1-16）。据德国联邦贸易与投资署的报告，2019—2022年，中国是德国绿地和扩建项目的主要外资来源国，年均对德国投资项目

---

① 增资 40 亿美元，增持 25% 的股份，并购总部在北京的汽车制造商和批发商。
② https://china.ahk.de/cn/
③《商业信心调查 2023/24》P34，图 3.3，248 家企业回答；《商业信心调查 2022/23》P43，图 3.8，548 家企业回答。
④《商业信心调查 2023/24》P50，图 5.3，566 家企业回答；参见 2022 年的图 2.5，P24，回答企业为 291 家。
⑤《商业信心调查 2023/24》P50，图 5.5；《商业信心调查 2022/23》P50，图 4.5 和图 A.2。
⑥《2022 年度中国对外直接投资统计公报》，P60。
⑦《2022 年度中国对外直接投资统计公报》，P23。

数超过150个，仅次于美国和瑞士。

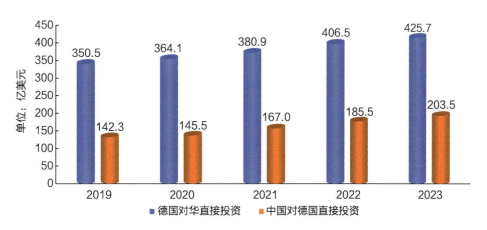

图1-16 2019—2023年中德相互直接投资存量

数据来源：《中国对外直接投资统计公报》《中国外资统计公报》，2023年数据为初步。

分行业看，根据德意志联邦银行的《直接投资统计数据》，截至2020年，中国对德国投资的第一大行业为制造业，占中国对德国投资总额的34.7%；第二为服务业[①]，占比34.2%。制造业投资中，近四成（36.6%）流入机械和设备制造；服务业投资中，85.0%流向金融和保险，其次为隶属于其他的管理和咨询，占比10.4%（见图1-17）[②]。

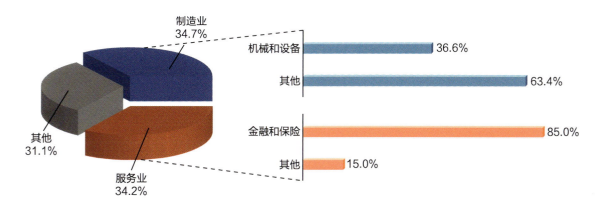

图1-17 中国对德国投资的行业分布

数据来源：德意志联邦银行。

---

① 除：电力、燃气、蒸汽和空调供应；批发和零售贸易，汽车、摩托车修理行业。
② Deutsche Bundesbank Direct Investment Statistics, P121-122。

中德合作产业园

第一节　中德合作产业园发展现状

20世纪70年代，随着中国与联邦德国建立外交关系，德国企业进入中国，同中国有关地方的合作开始起步。进入21世纪，中德产业园建设蓬勃发展，形式和内容日益创新，成为中国与德国双边经贸合作的重要组成部分。

一、中德产业园遍布中国东中西部

据不完全统计，截至2023底，全国各地已经或正在建设的中德产业园达到30个[①]，占据中欧产业园合作的半壁江山。

从北往南、从东往西，中德产业园分布在辽宁（1）、天津（1）、北京（1）、山东（1）、江苏（3）、浙江（7）、广东（3），山西（2）、河南（1）、安徽（4）、湖北（1），四川（4）和贵州（1）等省市，主题包括装备制造园、工业园、化工园、生态园、中小企业园、国际合作园和创新园等。

从数量上看，东部地区有17个产业园，占目前中国各地设立中德产业园总数的近60%，涉及7个省市，其中尤以江苏、浙江和广东最为突出；中部地区有8个产业园，集中在4省，其中安徽居多；西部地区有5个产业园，包括四川4个、贵州1个。

从德资企业落户数量看，中德（太仓）企业合作基地、昆山德国工业园、中德（顺义）产业园和中德（沈阳）高端装备制造产业园吸引德资企业最多，分别为500家、108家、102家和72家（见表2-1）。

表2-1　中德产业园区汇总表（截至2023年）

序号	园区名称	地理位置	成立时间	德企数量/家
1	中德（沈阳）高端装备制造产业园	东部	2015	72
2	中德（顺义）产业园	东部	2021	102

---

① 政府主导的产业园，非企业自建。

序号	园区名称	地理位置	成立时间	德企数量/家
3	中德（大邱庄）生态城	东部	2018	
4	青岛中德生态园	东部	2010	37
5	中德（太仓）企业合作基地	东部	2008	500
6	昆山德国工业园	东部	2005	108
7	中德（常州）创新产业园	东部	2020	53
8	浙江中德（长兴）国际合作产业园	东部	2015	
9	浙江中德（嘉兴）国际合作产业园	东部	2015	13
10	浙江中德（台州）国际合作产业园	东部	2016	3（2017年）
11	浙江中德（平湖）国际合作产业园	东部	2017	30
12	浙江中德（德清）国际合作产业园	东部	2021	培育期
13	浙江中德（丽水）国际合作产业园	东部	2021	培育期
14	浙江中德（缙云）国际合作产业园	东部	2021	培育期
15	揭阳中德金属生态城	东部	2013	30（2017年）
16	佛山中德工业服务区	东部	2012	50
17	中德（茂名）精细化工园	东部	2016	1（2017年）
18	中德（长治）国际合作产业园	中部	2022	5
19	中德（太原）生态园	中部	2020	
20	中德（许昌）国际合作产业园	中部	2023	
21	中德（合肥）国际合作智慧产业园	中部	2017	25
22	中德（芜湖）国际合作智能制造生态园	中部	2017	31
23	中德（宁国）国际合作智能制造产业园	中部	2019	
24	中德（濉溪）国际合作铝基产业园	中部	2019	
25	中德（蔡甸）国际合作产业园	中部	2022	12
26	中德（成都）创新产业合作平台	西部	2016	6（2016年）
27	中德（德阳）创新产业合作平台	西部	2016	2（2017年）
28	中德（绵阳）创新产业合作平台	西部	2016	2（2017年）
29	中德（蒲江）中小企业合作区	西部	2016	4
30	德国（遵义）产业园	西部	2017	培育期

二、中德产业园合作进入第三个十年

德国是同中国各地方开展对外合作的主要发达经济体。按照时间轴排列，中德产业园合作起步于21世纪第一个十年。以1984年德国大众汽车与上海签署合营合同为契机，20世纪90年代德国中小企业开始在上海周边寻找合作机遇，昆山德国工业园和太仓中德产业园即在此基础上集聚发展而成。

2010年德国时任总理默克尔第四次访华期间，两国政府决定建立中德政府磋商机制，助推中国与德国的地方合作进入快速发展期（2010—2020年）。在这第二个十年，全国各地开始建设19个对德合作产业园，迅速形成在东、中和西部的分布格局。东部沿海，中德产业园以江苏为据点，向北（山东、辽宁、天津）、向南（浙江、广东）扩大布局，随后在西部（四川、贵州）和中部（安徽）探讨开展合作。

2019年以来，中德产业园合作进入第三个十年。虽然中美博弈加剧，欧盟确立对华关系"三重定位"，以及2022年乌克兰危机爆发导致地缘政治风险显著上升，但中国中德产业园合作热度不减。一方面，中部地区更多省份将对德合作提上议事日程，继安徽之后，山西、河南和湖北开始建设中德产业园；另一方面，北京、江苏、浙江等东部省市深化对德合作，分别以经济技术合作、创新合作以及高水平开放合作主题作为对德合作的承接点，截至2023年底有9个产业园相继在上述省市落地。

三、中德产业园成为地方发展开放型经济的重要平台

中国各地高度重视对德合作，将中德产业园建设作为对外开放的平台和抓手。30个中德产业园中，16个位于国家级开发区，包括14个国家级经开区、2个国家级高新区；8个位于省级开发区，省级经开区和省级高新区各有4个。

从产业园推进的路径看，有的是两国政府直接推动设立的产业园，如青岛中德生态园、沈阳中德装备制造园、佛山中德工业服务区[1]；有的产业园在形成之初是自下而上的市场行为——企业自发聚集，而后在地方政府的推动下加速发展，如昆山德国工业园、太仓中德产业园、茂名中德精细化工园、蔡甸中德国际合作产业园等，其典型特点是由个别德国企业，

---

[1] 青岛中德生态园是德国时任总理默克尔 2010 年 7 月第四次访华时由中国商务部与德国经济和技术部签署备忘录确定的内容。

沈阳中德装备制造园建设的背景：2014 年 8 月国务院出台《关于近期支持东北振兴若干重大政策举措的意见》，明确提出"推动中德两国在沈阳共建高端装备制造业园区"；2014 年 10 月，第三轮中德政府磋商发表《中德合作行动纲要》，关于"工业 4.0 合作"，提出"两国政府应为企业参与该进程提供政策支持"。

佛山中德工业服务区：2012 年 8 月第二轮中德政府磋商期间，《中国商务部与德国经济和技术部关于进一步促进双向投资的联合声明》，认为德国弗劳恩霍夫研究所与广东佛山市合作设立"中德工业服务区"有望成为该领域面向未来的合作项目。http://www.mofcom.gov.cn/article/xwfb/xwrcxw/201208/20120808313652.shtml

如克恩—里伯斯、巴斯夫、伟巴斯特等率先在当地投资，进而带来产业园建设需求；更多的是地方政府基于自身开放型经济发展需求而主动为之的产业园，如浙江、安徽、山西、四川等地推动建设的中德产业园，是受两国高访氛围带动，或各地贯彻落实"国内国际双循环""长三角一体化发展"等国家战略、推动开放型经济建设而作出的安排。

第二节　中德合作代表性产业园概貌

一、太仓中德产业园——德资企业集聚度最高

1. 地理位置

太仓中德产业园，位于江苏省太仓市的太仓高新区（省级），规划面积50平方公里。

图2-1　太仓中德产业园位置示意图

2. 发展规模

1993年，第一家德企克恩—里伯斯落户太仓，开启了太仓对德合作的篇章。2008年11月，中国商务部与德国经济和技术部授予太仓中国唯一的"中德企业合作基地"称号，同

年产业园吸引德资企业达到100家。截至2023年底，太仓中德产业园累计吸引德资超60亿美元，年工业产值超600亿元人民币，形成了汽车零部件、航空航天和工业母机三大主导产业，全国70%的整车零部件都可在太仓生产。2024年1月，在产业园落户德企突破500家，其中隐形冠军企业56家。舍弗勒成为江苏最大的制造业德企，通快、慕贝尔等的中国总部或功能型机构落户太仓。

3. 发展方向——数字绿色低碳

太仓中德产业园致力于推动产业园加快向数字绿色低碳发展：2021年园区1家工厂入选世界经济论坛认可的"灯塔工厂"；2023年8月启动4平方公里的中欧（太仓）绿色数字创新合作区建设；打造零碳产业园，如元气森林太仓工厂；推动园区入驻企业生产用电100%转向绿电（风电和光伏），如舍弗勒、博泽等。

二、沈阳中德高端装备制造产业园——德资企业产值最大

1. 地理位置

沈阳中德高端装备制造产业园，位于辽宁省的国家级沈阳经济开发区中部，规划面积48平方公里。

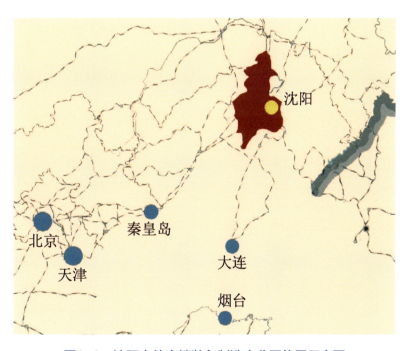

图2-2　沈阳中德高端装备制造产业园位置示意图

2. 发展规模

2003年宝马落户沈阳，拉开了沈阳对德合作的序幕。2015年12月国务院正式批复沈阳中德高端装备制造产业园建设方案。截至2023年底，产业园入驻德资企业72家，包括宝马、采埃孚、贺利氏等知名企业；累计吸引德资13.1亿美元。2023年规上工业产值1006.7亿元人民币，已形成智能装备、高端装备、汽车制造、工业服务和战略性新兴产业五大产业。

3. 发展方向——绿色低碳

沈阳中德高端装备制造产业园致力于构建绿色制造新体系。华晨宝马等14家企业获批国家级绿色工厂，慕贝尔汽车等53家企业获批省级绿色工厂，国家级、省级绿色制造示范企业占全省总数的17%，华晨宝马在生产环节率先实现碳中和。产业园还积极打造深化发展的要素支撑体系：一是绿能体系。产业园的能源消耗全部通过新能源、绿色能源来实现，如绿电的使用替代传统电力供应。二是碳的循环体系，包括产品碳足迹以及围绕零碳体系建设的碳捕捉、碳利用和碳循环等。

三、北京顺义中德产业园——德资企业集聚增长较快

1. 地理位置

北京顺义中德产业园，位于北京市顺义区，分南北两区。南区位于首都国际机场东侧，北区位于顺义区新城北部。规划面积20平方公里。

2. 发展规模

2021年6月，国家发展改革委正式批复北京顺义中德产业园建设。截至2023年底，园区聚焦新能源智能汽车、智能装备、数字经济和先进制造服务四大领域，累计吸引德资1.5亿美元[①]。2023年，工业产值350亿元人民币[②]。经过两年多的建设，在顺义区原有对德合作的基础上，园区入驻德资企业增至102家、新增占比50%，其中隐形冠军28家、新增占比50%，

[①] 截至 2023 年底，北京顺义中德产业园累计吸引德资（总注册资金）104.64 亿元人民币，包括存量资金以及 2021 年以来的新增，2021 年以来新增德资（注册资金）累计 10.82 亿元人民币。根据欧洲央行网站，2023 年人民币兑欧元平均汇率：1 人民币 =0.1305 欧元；欧元兑美元平均汇率：1 欧元 =1.0813 美元。根据中国人民银行数据，2023 年人民币兑美元平均汇率：1 美元 =7.0467 元人民币。

[②] 2023 年，产业规模 400 亿元人民币，包括工业产值 350 亿元，以及服务业营收 50 亿元人民币。

集聚奔驰、宝马、博世、威乐水泵等知名企业。

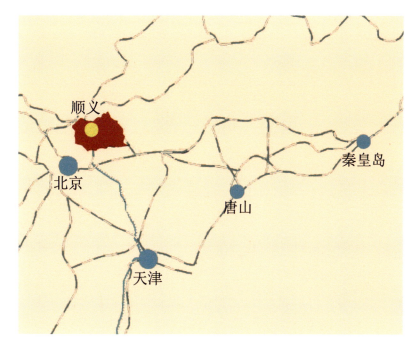

图2-3　北京顺义中德产业园位置示意图

3. 发展方向——数字绿色低碳

北京顺义中德产业园致力于构建国际化、智慧化和绿色化示范园区，打造零碳园区，吸引有关碳减排和与循环经济相关的企业落户，发展清洁能源、医药健康；推动产业园在智能制造、智慧城市、自动驾驶和节能环保领域开放应用场景，推动新技术、新产品的典型应用。

四、青岛中德生态园——两国政府直接推动建成

1. 地理位置

青岛中德生态园，位于山东省青岛市的国家级青岛经济开发区，规划面积34.9平方公里。

2. 发展规模

青岛中德生态园于2010年在中德两国总理见证下，由中国商务部与德国经济和技术部签署《关于共同支持建立中德生态园的谅解备忘录》设立，旨在以可持续发展为目标，加深生态领域两国企业合作。截至2023年底，园区累计吸引德资16亿美元，年工业产值近200亿元

人民币，入驻德资企业37家，拥有西门子、博世、费斯托等知名德企，已形成以集成电路、智能制造、基因科技（生命健康）为主导的三大产业。

图2-4　青岛中德生态园位置示意图

3. 发展方向——数字绿色低碳

青岛中德生态园积极推进两国生态合作，支持入驻德企培育发展的新动能。建设低碳厂房，采用绿色能源积极应对欧盟碳关税实施带来的政策变化。德国欧科林格正在园区建设其在全球的第一个零碳厂房，打造工业互联网平台。赋能园区企业建成多个智能互联工厂，其中2家工厂入选世界"灯塔工厂"；以高标准引领生态建设，将中德生态园建设积累的绿色指标体系推广至青岛自贸试验区和国家级经开区国际生态园，为两区发展提供参考指南。

五、嘉兴中德国际合作产业园——集群发展的排头兵

1. 地理位置

嘉兴中德国际合作产业园，位于浙江省嘉兴市的嘉兴国家级经开区先进制造业基地，规划面积4.04平方公里。

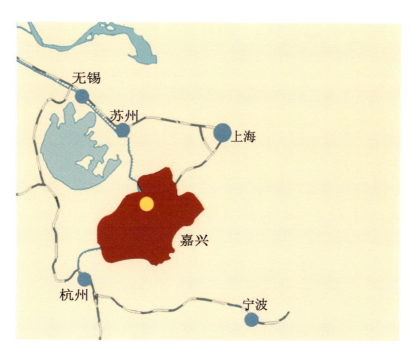

图2-5　嘉兴中德国际合作产业园位置示意图

2.发展规模

嘉兴中德国际合作产业园2015年8月由浙江省政府批复建设，成为浙江省建设的首家"国际合作园"。以嘉兴为代表的第一批浙江中德产业园面积普遍较小，但优势在于集团化发展。截至2023年底，园区累计吸引德资1.7亿美元[①]，年工业产值157亿元人民币，形成了以高端装备制造、汽车关键零部件、电子信息、科技服务业（工业设计、研发和检测）为主导的产业集群；共有13家[②]德资企业落地，包括世界500强企业采埃孚，以及行业龙头企业克劳斯玛菲、海拉等。

3.发展方向——数字绿色低碳

嘉兴中德国际合作产业园致力于创建国家生态工业示范园区，正在打造绿色、智能、高效、共享产业集群新格局，赋能园区"减排增绿"。如海拉拟于2026年建成零碳工厂；实施工业互联网科技赋能行动：围绕汽车零部件行业支持开展5G全连接工厂建设和工业互联网基础设施建设。有序推进一批数字化车间和数字化工厂、培育数字化转型、智能制造示范试点，推动重点细分行业中小企业数字化的全面普及。

---

① 2015年底，吸引德资2.5亿美元。2023年数据根据嘉兴中德国际合作产业园上报的数据整理。
② 截至2022年底有11家德资企业，产业园经验座谈会上浙江省厅提到2023年新增2家。

六、佛山中德工业服务区——德企在粤港澳大湾区的重要门户

1. 地理位置

佛山中德工业服务区，位于广东省佛山市中南部，东倚广州，南邻港澳，粤港澳大湾区腹地、广州和佛山交界的几何中心，规划面积130平方公里。

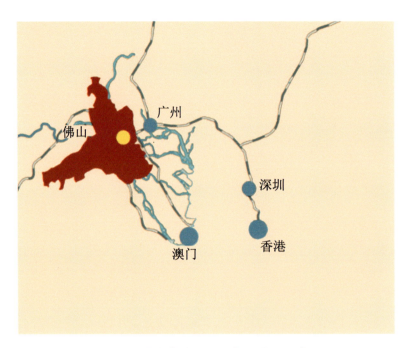

图2-6 佛山中德工业服务区位置示意图

2. 发展规模

2012年8月第二轮中德政府磋商期间，中国商务部与德国经济和技术部签署《关于进一步促进双向投资的联合声明》，"认为德国弗劳恩霍夫研究所与广东佛山市合作设立'中德工业服务区'有望成为该领域面向未来的合作项目"，正式开启了佛山对德合作。2015年底，佛山中德工业服务区的职能定位上升为佛山新城功能区。2019年粤港澳大湾区建设推动佛山中德工业服务区对德合作进一步提速。2023年，服务区生产总值(GDP)1459.13亿元人民币[①]。截至2023年底，服务区累计吸引德资2.2亿美元[②]，集聚50余家德资企业，包括世界500强企业西门子，隐形冠军企业赛威、德利康医疗器械集团等，形成以先进制造业（以智

---

① 佛山中德工业服务区是协调区，没有总产值或工业产值的数据。而且佛山中德工业服务区用的生产总值是基于三个服务区 5 个镇的统计，且计算不是全部纳入的，是按照比例纳入的。

② 包括被美的收购的库卡的数据，也包括服务区引进的、后来又迁出服务区，但仍在佛山市范围内的企业数据。

能制造为方向）、现代服务业（以会展业为核心）、战略性新兴产业（以生物医药产业为代表）为支撑的三大产业体系。

3. 发展方向

佛山中德工业服务区在城市建设、绿色发展等方面全面对标欧洲标准、德国品质。加快建设对德合作专业园区，包括中德产业园孵化基地、中德生物医药产业园。推动一汽大众在华南地区新能源汽车生产基地建成投产，以"中德工业城市联盟"（中方27个城市，德方20个城市）为平台推动双方企业加强合作交流。

中德（太仓）产业合作

第一节　中德（太仓）产业合作特点

从1993年第一家德企克恩一里伯斯落户太仓，对德合作成为太仓开放型经济和城市发展的关键驱动力之一[①]。三十年来，太仓对德合作从未停下脚步，而是呈现出加速发展的态势。1993—2008年，第1个100家德企落户太仓；2008—2013年，第2个100家落地；2013—2018年，第3个100家落地；2018—2022年第4个100家落地[②]；2022—2024年，第5个100家落地[③]。

图3-1　太仓德企发展时间轴

一、三十年深耕对德合作

三十年来，太仓保持对德企吸引力的一个不变因素是当地政府对德企的全身心服务，秉持"无事不扰、有呼必应"原则，为德企在太仓发展提供全方位服务。尤其是：

---

① 另一个为融入上海。

② 太仓金秋经贸月洽谈会上，艾威昂智能科技（太仓）有限公司取得营业执照，成为落户太仓的第400家德资企业。

⑧https://www.taicang.gov.cn/taicang/tcxw/202110/93b68781a6fc426ea9f45ebcaaae97af.shtml

③ 2023年，在太仓深耕对德合作三十年之际，德国伯曼集团设施设备项目正式签约；2024年1月，伯曼公司正式在太仓注册成立。至此，太仓德企总数增至500家。德国时间1月22日，第500家德企授牌仪式在德国北威州伯曼集团总部举行。

提供保姆式服务。从企业注册、施工审批到运营阶段，政府确保高效和便捷服务。如针对德企（联合汽车电子）"投产要快"的诉求，政府仅用10个月就按要求建好了3.4万平方米的高标准厂房，满足德企对租赁厂房的偏好。太仓市政府还打造极速极优的政务环境，将开办企业所需的7个环节整合成1个环节，等等。

畅通沟通渠道。太仓市政府十分注重保持与德企沟通的畅通，倾心支持与德企交流的平台建设，将其视为服务德企的重要窗口。2006年，在太仓的德企高管自发组建、成立太仓欧商投资企业协会（TRT），每月举行圆桌会，成为德企之间、太仓市政府与德企之间，甚至德国与太仓之间的交流沟通平台。通过该平台，太仓市政府第一时间了解德企发展面临的问题和诉求，从而更好地服务企业发展[1]。

助推创新发展。太仓市引进德国高校院所、高科技企业以独立或合作共建等方式设立新型研发机构，支持本土企业赴德开展科技创新项目合作、建设创新孵化载体，形成了"双轮驱动"的创新发展格局。建成投运太仓—柏林双向创新中心，在亚琛、杜塞尔多夫等地设立离岸创新中心，引进弗朗霍夫等科研院所，形成"本地+飞地+离岸"的全球协同创新体。

二、产业集聚发展

目前，太仓对德合作已经形成汽车核心零部件、高端装备制造两大竞争力突出的创新产业集群。产业集群的形成，使得越来越多的德资企业驻足太仓，引发滚雪球效应。

首先是企业集聚。德国20强家族企业中的8家、10大机床企业中的6家均在太仓布局；在太仓落户的500家德企中，七成与汽车相关，来自德国巴符州的企业有近200家；近60家"隐形冠军"德企落户太仓，包括克恩—里伯斯、克朗斯等；总部型德企超20家。因德企聚集，太仓被称为中国的"德企之乡"。

其次是资本集聚。截至2023年底，落户太仓的德企90%完成了增资，其中舍弗勒、克恩—里伯斯分别完成13次和11次增资，在太仓的工业产值超越其德国本土工厂产值，成为全球版图中占比最大的板块。而其他德企，如博泽、海瑞恩等也先后多次对在太仓企业增资，太仓工厂成为集团在亚太地区最大的制造基地。

最后是双元制教育普及。双元制教育既满足了德企对技术工人的需求，同时也成为太仓

---

[1] 2022年苏州市出台鼓励外商利润再投资优惠政策，即来自TRT。

吸引德企落地的名片。从2001年太仓建立国内首个与德国职业教育同步的专业工人培训中心开始，依托在太仓的德企、本土院校、德国巴符州双元制大学、德国工商大会、德国工程师协会等多方资源，太仓相继建立15家双元制教育中德培训中心，由此成为中国最大的德国职业资格考试和培训基地。2021年首个AHK（德国商会联盟）学院落户太仓、全国首个双元制本科项目设立，标志着"中专—大专—本科"多层次有序衔接的德国双元制人才培养体系在太仓建成。双元制不仅为太仓及周边地区产业高质量发展输送可用的技术工人，同时其培养的技工对企业的忠诚度较高，离职率仅为市场招聘员工的40%。

三、产业开放发展

三十余年对德合作、500家德企落户，双方互利共赢、共同发展，使太仓成为中德开放合作的典范。

德企与本土企业实现共同发展。从第一家企业55万马克投资发展到当前500家企业超60亿美元投资，德企在太仓实现了集群式、跨越式发展，经营方向从生产制造转向生产服务，不仅建立制造基地，更是逐步将总部及研发、销售、物流等功能性机构向太仓布局，95%以上的"规上"德企进行了本土化研发及创新成果的本地化应用。与此同时，伴随500家德企的落地，800多家太仓本土企业、科研院所与德企在产业配套、创新协同、人才共育、资本联合等方面实现深度合作。

"太仓日"成为对德合作交流品牌。2008—2023年，太仓连续十五年在德国举办"太仓日"，成为一年一度对德经贸文化交流的主会场。在"太仓日"的带动下，太仓在德国的影响力持续提升，斯图加特、慕尼黑、杜塞尔多夫、弗莱堡、多特蒙德、图特林根和法兰克福等德国城市多次举办"太仓日"。"太仓日"为德国各界近距离了解太仓营商环境和产业集聚发展情况提供了平台，也助推太仓对德合作从早期单方面招商提质升级为经贸文化宽领域、多层次的双向互动。

积极融入高水平对外开放最前沿。从第一家德企落户太仓起，临江临沪的天然优势就成为太仓吸引德企的关键驱动因素。上海扩大高水平对外开放、长三角一体化的有力推进，为太仓对德合作增添了强劲动力。太仓"中德中小企业合作示范区"成功写入《长三角区域一体化发展纲要》，提升了太仓对德合作在长三角一体化中的地位，对于太仓高质量推进对德合作提出了新要求。同时，落户太仓也为德企特别是德国中小企业分享中国发展红利提供了厚积薄发的土壤。

四、产业链式发展

众多德企围绕产业链落户太仓，打造了太仓对德产业链式合作的发展模式。

从汽车核心零部件看，德企落户太仓围绕动力总成系统、悬挂及制动系统、电气系统和车身系统等产业链展开。目前太仓基本形成了新能源动力系统的集群，预计2025年联合汽车电子和舍弗勒的电轴与电桥产品可以占到中国国内市场份额的25%左右。克恩－里伯斯生产的安全带弹簧则是车身系统投资的典型代表。

工业母机产业聚焦数控机床、智能生产线等特色板块。目前已在太仓落户投资的巨浪、通快、埃马克、德福埃斯、奥尔卡美特机床是德国前十大机床制造商。霍廷格主要生产高端电源系统，舍弗勒特种设备、斯德拉玛等公司为新能源汽车、白色家电等领域提供整体生产解决方案。

培育航空航天新增长极。太仓德企在航空航天领域的布局主要聚焦精密加工行业。其中，舍弗勒为波音和空客制造与维修轴承产品；通快、巨浪、埃马克的机床以及沃尔夫的刀具、瀚博格的夹具则用于飞机零部件的加工；18家德企已进入中国商飞大飞机意向配套领域和合作企业库。

五、培育对德合作生态

太仓全面深化对德合作，构建了对德合作生态，包括与企业投资生产经营相关的"营商环境"，以及德式生活场景等。

2016年6月德国中心落户太仓，成为继北京、上海之后的中国第三家、全球第六家。德国中心是专门为德国企业进入中国市场，也为中国企业进入德国市场探路而建立的一站式服务机构，提供从市场咨询、律师服务、秘书翻译、谈判展览到办公用房、金融服务、德国贸易等各项服务。德国中心的设立标志着太仓集聚的德企数量之多已经得到德国联邦和州政府的关注。

作为"德企之乡"，太仓把德国元素融入城市发展和建设中。从2006年开始，太仓连续举办18届"啤酒节"，每年举办中德乒乓球友谊赛、足球联赛、新年音乐会等文体活动，引进德式酒吧、面包房，设立中德友好幼儿园、拜仁慕尼黑足球学校、中德创新城，营造适应德企发展的"德式生态"。特别是2021年投资15亿元人民币打造罗腾堡德风街，将德国巴伐利亚州的罗滕堡小镇"搬到太仓"，完美还原德式生活场景，进一步增强了太仓对德企的吸引力。

第二节　中德（太仓）产业合作影响力

一、评价指标体系

通常而言，产业（合作）影响力是指一个地区产业的发展导致该地区整个国民经济及其重要组成部分所发生的总量与结构的变化[①]。产业（合作）影响力是产业合作外部性的总称，是指产业（合作）发展对宏观经济增长（含消费扩大）、社会发展、区域经济发展、相关产业增长以及经济运行效率提高等方面所产生的作用（见图3-2）。

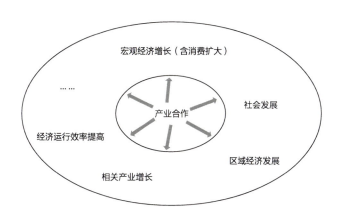

图3-2　产业合作影响外部效应示意图

围绕产业（合作）影响、产业发展、国际产业合作等，目前国内外相关权威机构，包括世界银行、世界经济论坛、世界知识产权组织、欧盟委员会、国家统计局、科技部火炬中心等定期发布以发展为主题的评价指标体系研究和指数[②]（见表3-1），在客观揭示国家和区域发展状况的同时，也为政府治理和政策创新提供了科学指导[③]，但其中尚没有针对国际合作产

---

①　方慧姝.北京高技术产业影响力评价的理论与方法[D].北方工业大学，2008.

②　"中国制造业全球价值链布局研究"，中国社会科学院工业经济研究所。

③　刘佳骏.中国海外合作产业园区高质量建设评价体系研究[J].国际经济合作，2021(03):59-67.

业（园区）的发展评价或影响力评价。

表3-1 与发展有关的国内外权威评价指标体系

类别	名称	发布组织	评价体系说明
国外知名指数	全球竞争力指数	世界经济论坛	全面反映一个经济体当前的宏观与微观基础及其动态与静态结果、竞争力水平和潜在的经济增长能力
	欧洲创新记分牌	欧盟委员会	对欧盟成员国创新绩效进行综合评价与排名，全面反映国家创新能力
	全球创新指数	世界知识产权组织	采用体现出创新活动的国家经济发展要素，对全球经济体创新能力进行排名
	知识经济指数	世界银行	对成员国以知识为基础的经济发展状况及国际竞争力进行定量评估，包含研究与发展经费和密集度、专利、就业结构、用于技术方面的国际收支平衡表、知识流量的测定
	硅谷指数	硅谷联合投资、硅谷社区基金会	包含人口、经济、社会、空间和地方行政等内容的综合性区域发展评价
国内知名指数	中国创新指数	国家统计局	涉及创新环境指数、创新投入指数、创新产出指数、创新成效指数，反映建设创新型国家进程中中国创新能力的发展情况
	国家高新区综合评价指标体系	科技部火炬中心、中国高新区研究中心	由知识创造和技术创新能力、产业化和结构优化能力、国际化和参与全球竞争能力、高新区可持续发展能力四个一级指标构成，全面反映国家高新区建设情况
	国家高新区创新能力评价	科技部火炬中心、中国高新区研究中心	基于国家高新区创新能力评价指标体系而形成的国家高新区创新能力指数，直观有效地评估国家高新区整体创新能力的动态变化
	中关村发展指数	中关村创新发展研究院	包括经济增长指数、经济效益指数、技术创新指数、人力资本指数和企业发展指数，综合描述北京市高新技术产业发展状况，总体评价北京市高新技术产业发展水平

分析上述指数可以发现，针对地区或区域发展的综合评价，如全球创新指数、硅谷指数、中关村发展指数、国家高新区综合评价指标体系等，指标体系通常包含经济发展、城市治理、绿色发展等内容；此外评价还需结合地区产业特征，如科技发展是高新区、中关村等区域发展的重要方向，在进行评价时，创新类指标不可或缺；而专门对区域创新水平、知识经济发展等进行的评价，制度环境、财政支持等因素往往会考虑在内。

此外，通过分析国内学者对有关产业（合作）发展和影响力进行评价的研究发现（见

表3-2），产业发展影响通常可以概况成以下六方面：一是对政策、营商等外部环境造成影响。产业（合作）发展的过程中，有关政策的出台，如财政支持、发展规划、重点方向等，指引着地区经济发展以及营商环境的优化。同时，产业（合作）发展中的市场调节作用也会推动营商环境的变化。二是对经济增长与产业结构升级等产生影响。体现在给产值、对外投资、销售、资产、在建工程等带来变化。三是对技术进步和创新产生影响。产业（合作）发展，研发投入必不可少，而研发的投入最终又会推动产业发展。四是对就业产生影响。产业（合作）发展对当地从业人员变化、相关科技人员数量提升起到重要作用。五是可持续发展情况会受到影响。如能源消耗、资源消耗、固体废物利用率等。六是对整体形象产生影响。如城市知名度、城市品牌数量、社会文明程度等。

表3-2　国内产业（发展）影响评价指标简汇

总目标	一级指标	指标解释	指标来源参考
产业影响力评价	对外部环境变化的影响	产业发展中有关政策环境、市场环境变化造成的影响	郭林楠，朱清，邹谢华等（2023）；汪江桦，冷伏海，汤建国（2014）等
	对经济增长的影响	产业发展对经济发展（总产值、销售利润率、对外投资额等）的影响	郭林楠，朱清，邹谢华等（2023）；刘佳骏（2021）；郭建民，郑憩（2019）；汪江桦，冷伏海，汤建国（2014）；吴永林，陈家作（2009）；方慧姝（2008）等
	对产业结构升级的影响	目前产业既有规模（企业数、固定资产、建成或投产项目等）、在建工程（在建项目、投资、资产交付使用等）情况	郭林楠，朱清，邹谢华等（2023）；刘佳骏（2021）；吴永林，陈家作（2009）等
	对技术进步和创新的影响	产业发展研发投入（新产品开发支出、研发内部支出等）、研发产出（专利规模、新产品销售等）变化	赵佳楠，侯铁建（2023）；刘佳骏（2021）；郭建民，郑憩（2019）；汪江桦，冷伏海，汤建国（2014）；吴永林，陈家作（2009）等
	对就业的影响	产业发展带来的从业人员变化、相关科技人员变化	郭林楠，朱清，邹谢华等（2023）；郭建民，郑憩（2019）；刘佳骏（2021）；吴永林，陈家作（2009）；方慧姝（2008）等
	对可持续发展的影响	产业发展对能源消耗、资源消耗、固体废物利用率等引起的变化	赵佳楠，侯铁建（2023）；刘佳骏（2021）；汪江桦，冷伏海，汤建国（2014）；方慧姝（2008）等
	对形象的影响	产业发展对城市知名度、城市品牌数量、社会文明程度、居民幸福感提升等会产生影响	李巧云，黄萍（2023）；李玏（2020）等

太仓中德产业合作至今三十余年，有力地促进了当地社会与经济发展。为进一步展示太仓中德产业合作发展情况，参考前文对国内外有关评价体系和指数的研究现状，同时，结合中德（太仓）产业合作实际，本报告构建了以中德（太仓）产业合作影响力评价为最终目标的三级指标体系，其中一级指标5项、二级指标13项、三级指标34项（见表3-3）。

一级指标包括战略影响、经济影响、创新影响、环境影响和形象影响五方面（见图3-3）。其中：

战略影响主要指产业合作对支持政策出台、营商环境改善、城市治理等产生的影响，通过近些年苏州及太仓等有关中德产业合作发展出台的支持政策、太仓营商环境、平安太仓进行衡量。其中，营商环境指标选取参考了《中国省份营商环境研究报告2021》。

经济影响指产业合作对产业经济规模提升、对外贸易增长等产生的影响，主要从产值拉动、对外贸易两方面进行计算。

创新影响指产业合作给地区创新发展带来的整体变化，从合作产生的创新主体、创新人才、创新平台、创新成果进行评估。

环境影响指产业合作对城市自然环境发展造成的影响，从对太仓绿色能源发展、节能减排造成的影响进行评价。

形象影响指产业合作给城市形象改善带来的变化，主要从文明太仓、幸福太仓两个方面进行衡量。

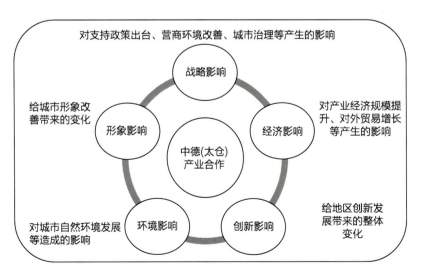

图3-3　中德（太仓）产业合作影响力评价一级指标示意图

表3-3　中德（太仓）产业合作影响力评价指标体系

目标层	一级指标	二级指标	三级指标
中德（太仓）产业合作影响力	战略影响	政策支持	苏州及太仓对中德产业发展的支持或扶持政策数量
			产业补贴（万元）
			人才公寓（套）
		营商环境	法制环境——律师数量
			人文环境——贸易依存度（%）
			市场环境——企业研发投入（亿元）
			政务环境——政务服务大厅办件量
		平安太仓	公（群）众安全感（%）
			法治建设满意度（%）
	经济影响	产值拉动	GDP拉动率（%）
			园区生产总值（亿元）
		对外贸易	吸引外资额（万美元）
			外资企业数
			进出口总额（亿美元）
			港口货物吞吐量（万吨）
	创新影响	创新主体	高新技术企业数
			科技型中小企业数
			独角兽企业数/瞪羚企业数/灯塔企业数
		创新人才	双创人才数/领军人才数
			外国高端及专业人才数
		创新平台	众创空间数量/双创示范基地
			省级及以上企业孵化器
		创新成果	发明专利授权数
			有效发明专利拥有量
	环境影响	绿色能源	新能源公共基础设施建设投入（万元）
			新能源产业企业数量
		节能减排	单位GDP碳排放（吨二氧化碳/万元）
			单位能源碳排放（吨二氧化碳/吨标准煤）
			单位地区生产总值能耗（吨标准煤/万元）
			规上工业企业万元产值能耗（吨标准煤/万元）

续表

目标层	一级指标	二级指标	三级指标
中德（太仓）产业合作影响力	形象影响	文明太仓	国际友好城市数量
			全国文明城市
		幸福太仓	中国县级市基本现代化指数
			中国最具幸福百佳县市得分

二、评价指标权重

本报告在计算底层指标（三级指标）权重时，采用熵值法。熵值法是一种用于多属性决策分析的方法，主要用于确定权重、排序和评价熵，在风险评估、资源配置、环境管理等领域应用广泛。该方法基于信息熵的概念，利用信息熵来度量各属性对决策的贡献程度，从而确定各属性的权重。其核心是根据各项指标的变异程度，使用信息熵这个工具计算出各个指标的权重，为多指标综合评价提供依据。熵值法具备操作性强、客观精确等优点，能够根据数据的变异程度自动分配权重，减少主观因素的影响，提高评价结果的客观性。

评价指标体系中，一级与二级指标权重是在三级指标权重的基础上求和所得，其大小会受所包含的三级指标数值及数量影响。为消除指标值数量对权重造成的影响，本报告在进行体系选取与设置时，对部分性质及数值结构相近的指标做了合并处理，如将独角兽企业数、瞪羚企业数、灯塔企业数合并成一项大的三级指标，对双创人才数与领军人才数、众创空间数量与双创示范基地也分别进行了同样的处理。

指标构建过程中，选取2016—2023年的数据进行计算与比较。原因在于：一是中德（太仓）产业合作影响力评价的基础是太仓对德产业合作，以时间为横轴可以帮助比较不同年份影响力的变化；二是2016年为"十三五"的开端，选取2016—2023年的数据进可以帮助了解"十三五"至"十四五"期间的影响力变化；三是样本量的扩大可以提高权重的客观性与真实性。通过计算，一级指标、二级指标及三级指标权重结果见表3-4：

表3-4　中德（太仓）产业合作影响力评价指标体系权重

目标层	一级指标	二级指标	三级指标及权重	
中德（太仓）产业合作影响力	战略影响 0.2547	政策支持 0.0885	苏州及太仓对中德产业发展的支持或扶持政策数量	0.0227
			产业补贴（万元）	0.0345
			人才公寓（套）	0.0313
		营商环境 0.1219	法制环境——律师数量	0.0279
			人文环境——贸易依存度（%）	0.0184
			市场环境——企业研发投入（亿元）	0.0253
			政务环境——政务服务大厅办件量	0.0502
		平安太仓 0.0443	公（群）众安全感（%）	0.0196
			法治建设满意度（%）	0.0246
	经济影响 0.1963	产值拉动 0.0914	GDP拉动率（%）	0.0716
			园区生产总值（亿元）	0.0199
		对外贸易 0.1049	吸引外资额（万美元）	0.0351
			外资企业数	0.0252
			进出口总额（亿美元）	0.0153
			港口货物吞吐量（万吨）	0.0293
	创新影响 0.3002	创新主体 0.1151	高新技术企业数	0.0389
			科技型中小企业数	0.0332
			独角兽企业数/瞪羚企业数/灯塔企业数	0.0430
		创新人才 0.0667	双创人才数/领军人才数	0.0378
			外国高端及专业人才数	0.0289
		创新平台 00658	众创空间数量/双创示范基地	0.0280
			省级及以上企业孵化器	0.0378
		创新成果 0.0526	发明专利授权数	0.0288
			有效发明专利拥有量	0.0237
	环境影响 0.1484	绿色能源 0.0605	新能源公共基础设施建设投入（万元）	0.0419
			新能源产业企业数量	0.0186
		节能减排 0.0878	单位 GDP 碳排放（吨二氧化碳/万元）	0.0186
			单位能源碳排放（吨二氧化碳/吨标准煤）	0.0186
			单位地区生产总值能耗（吨标准煤/万元）	0.0171
			规上工业企业万元产值能耗（吨标准煤/万元）	0.0335
	形象影响 0.1005	文明太仓 0.0617	国际友好城市数量	0.0123
			全国文明城市	0.0494
		幸福太仓 0.0388	中国县级市基本现代化指数	0.0195
			中国最具幸福百佳县市得分	0.0193

一级指标权重中，按照熵值的高低，分别是创新影响、战略影响、经济影响、环境影响和形象影响。其中创新影响、战略影响权重超过0.25，表明在评价太仓中德产业合作的影响力时，五个一级指标的重要性并不相同，创新影响与战略影响排名靠前。换言之，从这些角度提升太仓对德合作更容易扩大产业合作的影响力，说明了创新引领、战略引领对产业发展的重要驱动作用。

二级指标权重中，营商环境、创新主体、对外贸易的熵值均在0.1以上；而创新成果、平安太仓、幸福太仓的权重相对较低，在0.05（含）上下。反映出：2016—2023年，太仓营商环境、创新主体、对外贸易所包含的指标数值在中德产业合作的过程中出现了较为明显的增长变化，而创新成果、平安太仓、幸福太仓的变化相对比较稳定。

指标体系中三级指标较多，权重水平在0.01~0.07之间浮动。接近14项指标高于平均水平（0.03），反映出这些指标在2016—2023年的变化趋势相对其他指标更明显。其中，权重在0.05附近及以上的指标有GDP拉动率、政务服务大厅办件量、全国文明城市三项；国际友好城市数量、进出口总额、单位地区生产总值能耗等近11项指标数值在0.02及以下，反映出指标值在比较时间范围内没有发生大的变化。

三、评价测算与分析

2016—2023年，中德（太仓）产业合作综合影响力逐年提升。2023年综合影响力接近0.88，较"十三五"初期扩大43倍（见表3-5），反映出中德（太仓）产业合作日趋向好的发展趋势。

表3-5 2016—2023年中德（太仓）产业合作综合影响力

指　　标	2016年	2017年	2018年	2019年	2020年	2021年	2022年	2023年
综合影响	0.0199	0.1438	0.1819	0.3233	0.4405	0.6107	0.7412	0.8767
增长变化	–	623%	27%	78%	36%	39%	21%	18%

创新影响、战略影响对综合影响力增长的带动作用明显，尤其是创新影响。两大指标走势与综合影响力增长趋势较为一致（见图3-4）。伴随着中德（太仓）产业合作的深入推进，太仓在创新水平的提升（创新主体增加、创新人才培养与引进、创新平台建设、创新成果产出）方面取得了可观的进步。与此同时，产业发展的政策引导与支持、营商环境的改善、城市的治理成效也较为显著。

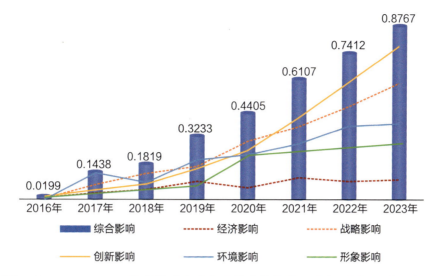

图3-4　2016—2023年中德（太仓）产业合作综合影响力及其一级指标趋势

2017年、2019年中德（太仓）产业合作影响力的提升比较突出，而2022年以来中德（太仓）产业合作影响力的提升有所放缓。从三级指标看，2017年，"一网通办"政务服务大厅办件量、新能源公共基础设施建设投入、国际友好城市三项指标数值变化剧烈，其中，办件量从2016年的10余件增加至2017年的1400余件，新能源公共基础设施投资扩大866倍，国际友好城市从0突破到1，加之前两项指标的权重在三级指标中排名又较为靠前（分别为第二位、第五位），使得2017年影响力得分激增。而2019年同比增长明显，主要在于GDP拉动率、政务服务大厅办件量、瞪羚企业数、国际友好城市出现了新的增长趋势。2019年，GDP拉动率为13.2%，约为上年的6倍，政务服务大厅办件量也从上年的1.5万件提升至5万件，瞪羚企业数较上年增长80%，国际友好城市增加1座。

1. 创新影响测算结果与分析

2016—2023年，中德（太仓）产业合作对太仓创新水平的影响不断扩大，2023年创新影响达到0.3，较2016年增长46倍（见表3-6）。

表3-6　2016—2023年中德（太仓）产业合作创新影响

指　标	2016年	2017年	2018年	2019年	2020年	2021年	2022年	2023年
创新影响	0.0064	0.0186	0.0302	0.0605	0.0960	0.1602	0.2296	0.3002
增长变化	–	193%	62%	100%	59%	67%	43%	31%

创新影响增长变化显示，"十三五"以来，太仓创新影响水平的增长率呈现出波动趋势。其中2017年、2019年增长较为明显（见图3-5）。观察三级指标数值发现，2017年，

太仓在瞪羚企业数、双创/领军人才数、外国高端及专业人才数、众创空间/双创示范基地、有效发明专利拥有量方面较上年增加均在10%以上，其中瞪羚企业由上年的3家变为4家，双创示范基地实现了0的突破，双创人才达到30人，外国高端及专业人才近150人。2019年，太仓瞪羚企业、高新技术企业、省级及以上企业孵化器同比增长均在20%以上，其中瞪羚企业较上年增长近80%。

从创新影响构成看，创新主体增长对于创新影响提升作用更为明显。2020年以来，创新主体得分相对突出，且与创新影响整体增长趋势较为一致，2023年得分突破0.1，与其他二级指标得分进一步拉大。"十三五"以来，随着太仓中德产业合作的发展，越来越多创新型企业落户太仓，为太仓"筑巢引凤"、吸引创新人才、打造创新成果奠定了良好的基础。此外，2016年以来，太仓不断重视对创新企业的孵化与培育，众创空间、双创示范基地、企业孵化器数量每年均呈现增长。2023年，太仓已获批众创空间10家、双创示范基地1家、省级及以上企业孵化器5家，对于创新主体、创新人才的增加起到了较好的培育作用。

图3-5　2016—2023年中德（太仓）产业合作创新影响及其二级指标趋势

2. 战略影响测算结果与分析

战略影响评价结果显示，2016—2023年，中德（太仓）产业合作产生的战略影响不断提高，2023年接近0.23，是"十三五"初期的98倍（见表3-7）。

表3-7　2016—2023年中德（太仓）产业合作战略影响

指　标	2016年	2017年	2018年	2019年	2020年	2021年	2022年	2023年
战略影响	0.0023	0.0292	0.0509	0.0647	0.1139	0.1425	0.1820	0.2274
增长变化	–	1160%	74%	27%	76%	25%	28%	25%

　　战略影响增长变化显示，2016年以来，中德（太仓）产业合作战略影响同样呈现出波动变化。其中，2017年较上年增长12倍，2018年和2020年同比增长分别超过70%（见图3-6）。通过比较三级指标权重发现，"一网通办"政务服务大厅办件量、产业补贴对战略影响的影响比较大。2017年、2018年及2020年，中德（太仓）产业合作战略影响评价结果均与此相关。2016年，"一网通办"政务服务大厅办件量因刚付诸使用，办件数量不到20件，而2017年这一数字就达到了1400余件，2018年及2020年办件数量同比分别增长936%、104%。而产业补贴方面，2018年和2020年较上年分别增长89%和133%。

图3-6　2016—2023年中德（太仓）产业合作战略影响及其二级指标趋势

　　战略影响构成中，营商环境、政策支持相对较高，且二者与得分整体趋势较为一致。2016年以来，中德（太仓）产业合作发展推动着当地营商环境改善、政策支持提升，同时，这些因素权重较高，能够更有效提升战略影响得分。中德产业合作以来，太仓不断提升对营商环境改善的重视程度，持续擦亮"太舒心"营商服务品牌，推动实现营商环境"优无止境、优上更优"，让广大企业家安心经营、放心投资、专心创业，强化公平竞争审查刚性约束，开展滥用行政权力排除限制竞争执法，加快推进政务服务"免证办"。截至2024年6

月，"太仓一网通办平台"实名注册用户数已突破70万，累计办件量超151万件，访问量超1630万人次。另据统计，2016年以来，苏州及太仓市累计出台近83项与中德产业合作发展有关的支持政策，内容覆盖企业引进、科技合作、资金支持、园区建设、人才引入与培训、文化与教育交流等方面，极大地奠定了对德经贸的政策基础，打造了良好的政策支撑体系，对推动太仓持续提升对德经贸合作的影响力和示范引领效应起到了很好的支撑作用，对德合作产业补贴相较"十三五"初期增长9倍，人才公寓突破2000套。

3. 经济影响测算结果与分析

经济影响评价结果显示，2016—2023年，中德（太仓）产业合作带来的经济影响呈波动变化，2023年影响值达到0.1，是2016年的9倍（见表3-8）。

表3-8 2016—2023年中德（太仓）产业合作经济影响

指　标	2016年	2017年	2018年	2019年	2020年	2021年	2022年	2023年
经济影响	0.0112	0.0324	0.0503	0.0917	0.0595	0.1100	0.0914	0.1003
增长变化	－	189%	55%	82%	−35%	85%	−17%	10%

从经济影响增长变化趋势看，除2020年及2022年外，其余年份均呈现出明显的增长态势（见图3-7）。三级指标中，GDP拉动率、外资投资总额、港口货物吞吐量、外资企业数权重相对较大，其中GDP拉动率权重为0.0716，排名第一。2017年经济影响得分同比增长明显，主要原因来自外资企业数（较上年增加11家）、外资投资总额（较上年增长9%）、港口货物吞吐量（较上年增长7%）。2020年经济影响得分相对上年下降约0.03，下降幅度较大的原因在于GDP拉动率较上年出现下跌。2019年中德（太仓）产业合作生产总值对GDP拉动率经计算达到13.2%，而2020年这一指标降低至1.9%。2022年经济影响得分的下降主要缘于GDP拉动率、外商投资总额的降低与减少，二者同比分别下降61%、40%。异常指标的变动也反映了跨国产业合作对宏观经济增长，包括对外贸易的重要影响。

从经济影响的构成看，产值拉动、对外贸易与经济影响增长的关联较为密切，"此消彼长"共同导致经济影响波动变化。2018年之前，中德（太仓）产业合作的经济影响主要有对外贸易拉动；2020年后，随着太仓对德产业合作渐成规模，产值拉动，包括GDP拉动率和中德产业园生产总值相对更能反映产业合作的经济影响水平。

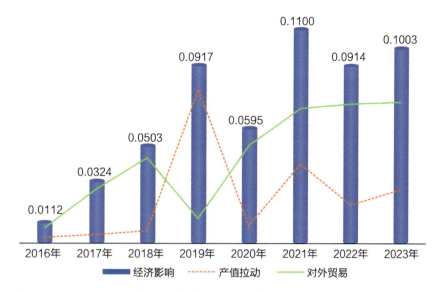

图3-7　2016—2023年中德（太仓）产业合作经济影响及其二级指标趋势

4. 环境影响测算结果与分析

环境影响结果显示，2016—2023年，中德（太仓）产业合作产生的环境影响整体呈现上升趋势。"十三五"初期，环境影响得分趋于0，而2023年接近0.15（见表3-9）。反映出中德（太仓）产业合作发展过程中，对绿色能源和节能减排的重视，给太仓自然环境变化带来了较大促进和提升。

表3-9　2016—2023年中德（太仓）产业合作环境影响

指　标	2016年	2017年	2018年	2019年	2020年	2021年	2022年	2023年
环境影响	0.0000	0.0520	0.0335	0.0776	0.0874	0.1088	0.1437	0.1484
增长变化	—	350479%	−36%	132%	13%	24%	32%	3%

注：2016年环境影响评价值较小，接近0而非0。

从增长变化看，2017—2019年环境影响增长变化较为突出（见图3-8）。环境影响所包含的6项指标中，除新能源公共基础设施建设投入、规上工业企业万元产值能耗权重值较大外，其余指标权重值较小，排名均在28名之外。2017年，中德（太仓）产业发展涉及的新能源公共基础设施建设投入达到千万元水平，而上年对此项指标的投入微乎其微，直接导致了当年环境评分激增，2018年得分下降也在于此项指标当年值相对上年降至百万级水平。2019年，伴随着碳排放、单位产值能耗的下降，新能源公共基础设施建设投入及新能源企业数量的回升，当年环境得分较上年出现了较为明显的增长。

从指标构成看，绿色能源（新能源公共基础设施建设投入、新能源企业数量）、节能减排（单位 GDP 碳排放、单位能源碳排放、单位地区生产总值能耗、规上工业企业万元产值能耗）是构成环境影响的二级指标。观察2016—2023年两者得分变化与环境影响的变化幅度，发现尽管绿色能源发展得分相对节能减排略低，但是其增长变化更易导致环境影响变化。这说明，新能源基础设施建设投入以及新能源企业数量更能反映出中德（太仓）产业合作对环境产生的影响，这也从侧面体现了绿色发展对产业提升的带动作用。

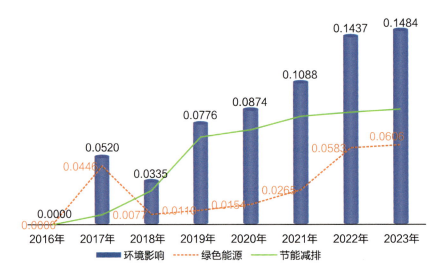

图3-8　2016—2023年中德（太仓）产业合作环境影响及其二级指标趋势

5. 形象影响测算结果与分析

形象影响结果显示，2016—2023年，中德（太仓）产业合作对太仓城市形象影响的促进作用不断提升。2023年得分上升为0.1，而2016年"十三五"初期，太仓对德产业合作对城市形象的促进作用尚不明显(见表3-10)。

表3-10　2016—2023年中德（太仓）产业合作形象影响

指　　标	2016年	2017年	2018年	2019年	2020年	2021年	2022年	2023年
形象影响	0.0000	0.0116	0.0171	0.0287	0.0837	0.0893	0.0946	0.1005
增长变化	－	115438%	47%	68%	191%	7%	6%	6%

注：2016年形象影响评价为0.0000，接近0而非0。

从形象影响增长变化趋势看，2016—2023年，形象影响得分不断提高，2017年及2020年相对较为突出（见图3-9）。2017年突出变化的主要原因在于当年国际友好城市数量实现了从0到1的突破，德国于利希与太仓签订多项教育合作协定，成为太仓的国际友好城市，

2019年新增莱茵—内卡尔区为友好城市。而2020年太仓首次获得"全国文明城市"这一称号，使得当年得分出现了较大变化①。

图3-9　2016—2023年中德（太仓）产业合作形象影响及其二级指标趋势

文明太仓、幸福太仓是构成中德（太仓）形象影响的两大二级指标。其中文明太仓通过国际友好城市数量、是否获评全国文明城市体现，幸福太仓主要从"中国县级市基本现代化指数②""中国最具幸福百佳县市得分"两项指标进行反映。通过比较文明太仓、幸福太仓与形象影响在2016—2023年的数值发现，中德（太仓）产业合作对城市社会文明程度提升、人民幸福提升都起到了良好的促进作用。

---

① 报告撰写过程中，并未查询到全国文明城市得分或与之相近的、能体现数值变化的指标，仅用"是否"进行简单测算。

② "中国县级市基本现代化指数"评价指标与"幸福指数"评价指标结构较为相似，因报告期内未查询到与"幸福指数"直接相关的数据（包括得分），这里引用此指标以代替"幸福指数"。

中德（太仓）产业合作展望

2023年3月，太仓举办了对德合作30周年大会。在中国30个中德合作产业园中，太仓中德产业园因吸引的德企尤其中小企业多、产业集聚发展程度高，以及对德合作生态齐全，树立了中欧地方合作的典范。近年来，太仓对德合作影响力持续扩大，不仅成为长三角一体化发展"共建高水平开放"的平台、虹桥国际开放枢纽建设北向拓展带的重要支点，而且推动太仓立足对德合作走向对全球合作。在已取得骄人成绩的基础上，围绕绿色和数字转型、贸易新业态发展、高水平双向投资、产业集聚和创新，太仓对德合作可从以下三方面加速提质升级。

一、推动中德（太仓）产业合作示范区建设

推动太仓德企加速绿色转型。推进零碳产业园建设，实施并发布适用于太仓德企的绿色产业园标准，推广绿电（绿色能源）、被动房（绿色建筑）和产品碳足迹等指标，引领全国中德产业园全面绿色转型。在更广范围复制建设中欧绿色数字创新合作区，支持在太仓德企争创灯塔工厂，力争2030年德企灯塔工厂增至3～5家。

深化与德企产业链供应链合作。经过四十余年改革开放，以长三角为代表的中国经济发达地区在制造业的许多领域已经迎头赶上德国水平，尤其以光伏电池、锂电池和电动车为代表的"新三样"，无论是技术、成本还是创新，均已位居世界领先地位。在欧盟对华"去风险"政策已经主导中欧经贸关系的态势下，太仓企业通过在当地建设工业园区，将产业的前端和后端前移至德国或德语区国家，加大与德企在企业孵化、人才培养、资本联合、产业配套等领域产业链供应链合作力度，进一步推动生物医药、新能源、新材料等领域协同发展，打造对欧合作新增长点。

二、打造电动车零部件对欧贸易基地

汽车核心零部件是太仓对德合作的第一大产业，已聚集700余家汽车零部件企业，一辆整车70%零部件能在太仓找到供应商，多个核心零部件国内市场占有率达30%以上；太仓港投资兴建长江航道上最大的汽车滚装码头，完全投产后年吞吐量可达130万辆。上述两大客观条件为太仓构建国际电动车零部件贸易基地奠定了竞争优势。此外，受地缘政治压力、技术处于劣势、能源成本高企等因素影响，当前欧洲电动车销售放缓，其确立的2035年电动车推广计划面临较大不确定。此种形势下，推动中国与欧洲国家之间的电动车零部件贸易符合

中欧产业发展的共同诉求。扩大电动车零部件贸易的国别合作对象，从与德国为主扩大至奥地利、瑞士等德语区国家，同时延伸至波兰和匈牙利等德国的后花园国家；推动电动车零部件贸易形成主导产业链和关键链主企业，围绕驱动系统、制动系统、电池电控系统和车身系统壮大电动车零部件主导产业，助力链主企业与德企汽车巨头形成紧密的供应关系；搭建电动车零部件贸易数字服务平台，推动承接电动车零部件贸易结算中心，提升太仓电动车零部件贸易基地供应链全国和全球协同能力，强化对国内与国际两大市场的供应和采购。

三、构建中德合作要素跨境流动开放平台

太仓对德合作走过了三十年。自2008年起太仓对德合作以其突出成果受到中德双方的高度重视。作为地方对德合作的典范，未来三十年，除了继续致力于扩大产业领域的对德开放——加大与德企在医疗、电信等领域合作力度，太仓可在决定开放能级的要素跨境流动便利化方面积极作为，推动国家开放政策在太仓中德产业园先行先试。在人员往来方面，争取上海虹桥开放枢纽和上海东方枢纽国际商务合作区的便利商务人员进出境政策措施适用于太仓中德产业园，进一步优化德国人士来太仓工作许可和工作类居留许可办理流程，为德籍人才在太仓工作、停居留乃至永久居留提供便利。在数据流动方面，规范数据跨境安全管理，支持德企与总部数据流动，制定对德合作产业园数据转移标准，探索建立跨境数据（非重要数据）流动"白名单"制度，界定跨境重要数据概念，组织开展数据出境安全评估、规范个人信息出境标准合同备案等相关工作，促进德资企业研发、生产、销售等数据跨境安全有序流动。

附　录

1. 熵值法

熵的概念最初产生于热力学，它被用来描述运动过程中的一种不可逆现象，后来在信息论中用来表示事物出现的不确定性。信息熵方法可以用来帮助进行多属性决策。具体计算步骤如下：

第一步：对数据进行标准化处理，以消除样本数据量纲的影响，采用极差标准化方法。

$$x_{ij} = \frac{x_j(i) - x_{min}}{x_{max} - x_{min}} \tag{1}$$

$$x'_{ij} = x_{ij} + 0.0001 \tag{2}$$

式中：x_{ij} 为第 j 项指标（正向指标）第 i 个样本的极差标准化值；$x_j(i)$ 为第 j 项指标第 i 个样本的原始数据；x_{min} 和 x_{max} 分别为第 j 项指标的最小值与最大值。为了消除极差标准化后出现的0的影响，在 x_{ij} 后加上0.0001得到 x'_{ij}。若 x_{ij} 为负向指标，则公式（1）分子调整为最大值减指标值。

第二步：计算指标的比重 S'_{ij}：

$$S_{ij} = \frac{x'_{ij}}{\sum x'_{ij}} \tag{3}$$

第三步：计算指标的熵值 h_j，为消除取对数过程中带来的复制影响，在公式前加负号：

$$h_j = -\frac{1}{\ln m} \sum S_{ij} \ln Si_j \tag{4}$$

式中：m 为第 j 项指标的样本数量。

第四步：计算差异性系数 a_j：

$$a_j = 1 - h_j \tag{5}$$

第五步：计算指标权重 w_j：

$$S_{ij} = \frac{x'_{ij}}{\sum x'_{ij}} \tag{6}$$

第六步：计算第 i 个样本各指标的得分 $d_j(i)$:

$$d_j(i) = x_{ij}w_j \tag{7}$$

其中，二级指标的得分总值为三级指标所包含的得分之和，一级指标的得分总值为所包含的各二级指标的得分之和。

2. 中德（太仓）产业合作评价指标原始数据

目标层	一级指标	二级指标	三级指标	2016年	2017年	2018年	2019年	2020年	2021年	2022年	2023年
中德（太仓）产业合作影响力	战略影响	政策支持	苏州及太仓等对中德产业发展的支持或扶持政策数量	5	7	8	8	10	12	15	18
			产业补贴（万元）	1765	1525	2876	4111	9575	13322	14024	17325
			人才公寓（套）	/	/	/	750	816	990	1284	2306
		营商环境	法制环境——律师数量	121	128	139	145	192	171	212	233
			人文环境——贸易依存度（%）	63.05	70.56	72.45	69.54	66.36	70.03	67.50	62.05
			市场环境——企业研发投入（亿元）	14.26	16.51	19.12	23.1	24.64	32.54	34.91	42.38
			政务环境——政务服务大厅办件量	19	1437	14886	50413	102630	168768	390261	566000
		平安太仓	公（群）众安全感（%）	/	/	/	/	98.42	98.96	99.62	100
			法治建设满意度（%）	/	/	/	90.1	95.2	/	/	92.65
	经济影响	产值拉动	GDP拉动率（%）	2.4	2.1	2	13.2	1.9	5.9	2.3	3.15
			园区生产总值（亿元）	1087.39	1194.08	1277.25	1324.97	1386.09	1592.67	1653.57	1735
		对外贸易	外资投资总额（万美元）	63459.5	69270.5	202533.0	74721.5	258689.5	231229.9	137906.6	103400
			外资企业数	33	44	40	43	52	54	73	85
			进出口总额（亿美元）	109.64	129.68	145.7	133.57	133.35	170.87	165.94	152.77
			港口货物吞吐量（万吨）	23204	24903	22884	21585	21606	24325	26554	27500
	创新影响	创新主体	高新技术企业数	106	108	121	149	210	291	347	389
			科技型中小企业数	106	108	170	207	292	412	476	588
			独角兽企业数暨服务企业数/灯塔企业数	3	4	5	9	14	31	42	56
		创新人才	双创人才数/领军人才数	60	67	72	82	96	133	179	222
			外国高端及专业人才数	130	149	168	185	209	272	324	389

续表

目标层	一级指标	二级指标	三级指标	2016年	2017年	2018年	2019年	2020年	2021年	2022年	2023年
中德（太仓）产业合作影响力	创新影响	创新平台	众创空间数量、双创示范基地	5	6	6	6	7	8	11	11
			省级及以上企业孵化器	3	3	3	4	4	4	5	5
		创新成果	发明专利授权数	/	317	302	205	251	370	307	671
			有效发明专利拥有量	/	/	1623	1990	2369	2708	2996	3608
	环境影响	绿色能源	新能源公共基础设施建设投入（万元）	6.9	5975.12	262.78	320	538.74	1678.45	5854.89	6014.21
			新能源产业企业数量	176	212	248	284	319	358	391	405
		节能减排	单位 GDP 碳排放（吨二氧化碳/万元）	1.77	1.59	1.41	1.23	1.06	0.84	0.7	0.63
			单位能源碳排放（吨二氧化碳/吨标准煤）	27.26	25.39	23.52	21.65	20.35	16.78	16.61	15.84
			单位地区生产总值能耗（吨标准煤/万元）	0.10	0.10	0.06	0.05	0.05	0.05	0.05	0.05
			规上工业企业万元产值能耗（吨标准煤/万元）	0.04	0.04	0.04	0.03	0.03	0.03	0.03	0.03
	形象影响	文明太仓	国际友好城市数量	0	1	1	2	2	2	2	2
			全国文明城市	0	0	0	0	1	1	1	1
		幸福太仓	中国县级市基本现代化指数	/	/	/	/	/	89.83	90.55	91.45
			中国最具幸福百佳县市得分	/	/	/	/	92.99	93.06	/	/

太仓高新区

　　江苏省太仓高新技术产业开发区（简称"高新区"）于 2018 年 9 月经省政府批复正式设立，地处太仓市主城区，管理面积 116.74 平方公里，常住人口 35 万。高新区与科教新城、娄东街道、陆渡街道实施区城街一体化管理，高新区聚焦经济发展职能，城街聚焦基层社会治理，近年来区城街一体化管理体系机制全面建立并有效实施。高新区坚持以习近平新时代中国特色社会主义思想为指导，深入贯彻落实新发展理念，奋力建设国内一流、国际知名的中德创新城，日益发展成为以德企集聚、创新汇聚、产城融合为主要特色的开发区。先后被国家有关部门授予国家高新技术产业化基地、国家新型工业化产业示范基地、国家先进制造技术国际创新园、中德智能制造合作示范园区等荣誉称号。推进创新发展和推动"双创"发展两项事项连续三年获省政府激励通报，连续多年位居全省高新区综合评价前列，连续四年获评苏州市推进高质量发展先进地区。加快打造新能源汽车核心零部件、航空航天、高端装备制造三大产业创新集群，集聚了耐克、舍弗勒、通快、联合汽车电子、吉太航空等一大批优质内外资企业。目前德资企业已超 500 家。2023 年，全区完成一般公共预算收入 91.46 亿元人民币，规上工业产值 1333.7 亿元人民币。

商务部研究院欧洲研究所
地方开放合作评估与促进中心

  商务部国际贸易经济合作研究院（简称"商务部研究院"）是商务部直属事业单位，集经贸研究、信息咨询、新闻出版、教育培训、人才培养于一体，是一所综合性、多功能社会科学研究咨询机构。前身为 1948 年 8 月创建于香港的中国国际经济研究所，2015 年被中央确定为首批国家高端智库建设单位之一，也是商务领域唯一的国家高端智库。商务部研究院的主要职责是为中央决策部门提供经济外交和商务发展领域的咨政报告和决策建议、为有关政策出台和实施提供调研评估和分析咨询，为地方政府对外开放和创新发展编制战略规划和实施方案、提供咨询服务。

  欧洲研究所（地方开放合作评估与促进中心）主要从事有关欧洲经济、中国与欧盟及其成员国经贸合作、中国与欧盟多边及区域合作、中国与瑞士等非欧盟欧洲国家经贸合作、中国与中东欧国家合作等的形势、政策和实务研究。欧洲研究所同时承担"地方开放合作评估与促进中心"职责，旨在支持地方推动高水平开放、高质量发展。

主要职责

  一是根据地方政府需求，协助开展对外开放方面的绩效评估。中心已在开放合作、产业园区、碳税和碳市场发展等方面，针对各类工作设计建立了一套较成熟的评估测算方法、程序和指标体系。

  二是为地方开放合作搭建平台，协助地方开展对外交流合作；协助做好顶层设计、提供决策咨询，包括编制合作规划和可研报告、开展专题培训等。

  目前，欧洲研究所（中心）在深耕中欧经贸研究、赋能地方开放合作、推进对外交流合作等方面，已经建立了一支具有较高理论素养和实践经验的专业化队伍和涉及广泛领域的专家库。